HOJE TEM MARMELADA?
TEM, SIM SENHOR!
HOJE TEM GOIABADA?
TEM, SIM SENHOR!
E O PALHAÇO, O QUE É?
É LADRÃO DE MULHER!

O CIRCO É LUGAR DE MUITA ALEGRIA E BRINCADEIRA.

E O PARQUE DE DIVERSÕES TAMBÉM! JUNTOS, SÃO OS LUGARES PREFERIDOS DAS CRIANÇAS!S!

VAMOS APRENDER E TREINAR A LETRA CURSIVA COM PALAVRAS DESSE MUNDO TÃO MÁGICO E DIVERTIDO!

COPIE AS LETRAS E AS PALAVRAS ABAIXO.

B B B
b b b
b b

Bailarina

C C C
c c c
c c

Carrossel

Dançarino

Equilibrista

Foca

Gangorra

Homem-bala

Ingresso

Jaula

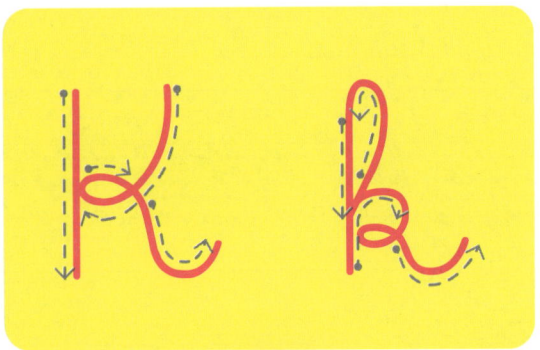

Kamikaze

L
l
l

Lona

m
m
m

Mágico

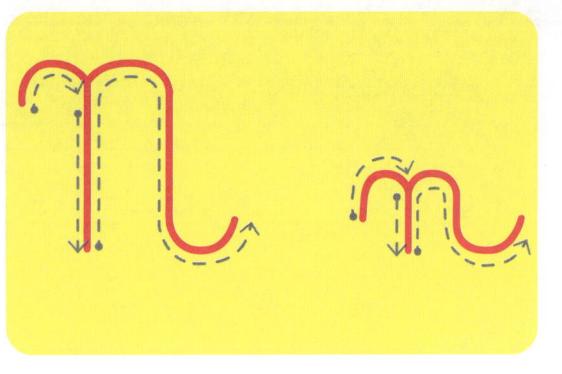

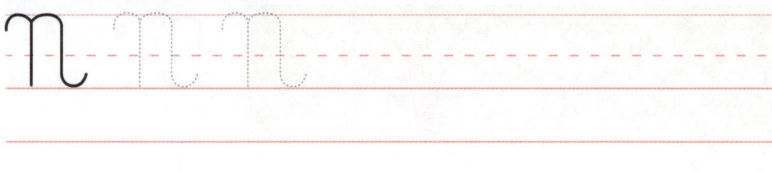

Navio Pirata

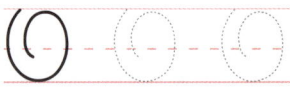

Onça

p p p
p p p
p p

Palhaço

Q Q Q
q q q
q q

Quiosque

R R R

r r r

r r

Roda-gigante

S S S

s s s

s s

Sorvete

Varinha

Wilian

Xícara

Yasmim

Zebra

LEIA E ESCREVA AS PALAVRAS. DEPOIS, CIRCULE O DESENHO CORRESPONDENTE À PALAVRA.

Cartola

Elefante

Montanha-russa

Pipoca

Tobogã

CUBRA AS PALAVRAS E LIGUE CADA UMA AO DESENHO CORRESPONDENTE.

Malabarista

Pescaria

Monociclo

Pedalinho

Argola

ESCREVA AS PALAVRAS, COMPLETANDO-AS COM AS VOGAIS.

a - e - i - o - u

B_lh_t_r__

C_ntrc__n_st_

B_il_r_n_s_

C__lh_